GIUSEPPE MAU MAKAN PIZZA!

Giuseppe Mau Makan Pizza!

Text by Jiro Hasegawa Situmorang and Terry T. Waltz
Story and Illustrations by Terry T. Waltz

©2017 by Terry T. Waltz
Published by Squid For Brains, Albany, NY
www.squidforbrains.com

ISBN-13: 978-1-946626-12-7

Giuseppe mau makan pizza.

Giuseppe mau makan pizza spaghetti.

Giuseppe mau makan pizza spaghetti, karena pizza spaghetti enak.

Domino's Pizza di North Pole.

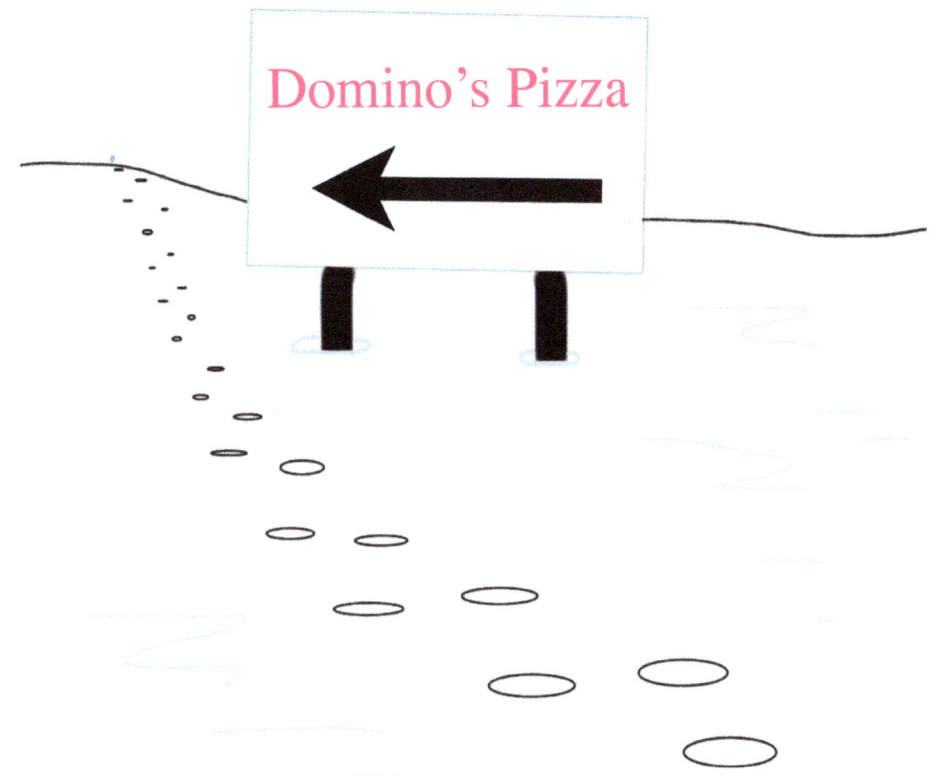

Giuseppe pergi ke Domino's Pizza.

Giuseppe pergi ke Domino's Pizza, karena Giuseppe mau makan pizza spaghetti.

Di Domino's ada pizza. Apakah di Domino's Pizza ada pizza spaghetti?

Giuseppe mau makan pizza spaghetti.
Di Domino's ada pizza penguin.

Di Domino's juga ada pizza walrus, tetapi, tidak ada pizza spaghetti!

Giuseppe menangis, karena tidak mau makan pizza penguin. Giuseppe juga tidak mau makan pizza walrus.

Pizza penguin tidak enak! Pizza walrus juga tidak enak!

Giuseppe mau makan pizza spaghetti, tetapi, di North Pole tidak ada. Giuseppe makan pizza walrus.

Tidak enak! Giuseppe juga makan pizza penguin. Pizza penguin juga tidak enak!

Giuseppe muntah di Domino's. Giuseppe muntah, karena pizza penguin dan pizza walrus tidak enak.

Pak Domino tidak muntah.
Pak Domino menangis.

Pak Domino menangis, karena Giuseppe muntah di Domino's Pizza.

Giuseppe pergi ke South Pole. Giuseppe tidak pergi ke Domino's, karena di South Pole tidak ada Domino's Pizza.

Di South Pole ada PizzaIgloo.
Giuseppe pergi ke PizzaIgloo.
Apakah di PizzaIgloo ada pizza?
Ada!

Di PizzaIgloo ada pizza seal. Di PizzaIgloo juga ada pizza whale. Tetapi, pizza seal tidak enak! Pizza whale juga tidak enak! Giuseppe tidak mau makan pizza seal. Giuseppe juga tidak mau makan pizza whale.

Giuseppe tidak mau makan pizza seal dan pizza whale, karena tidak enak. Giuseppe mau makan pizza spaghetti, tetapi, pizza spaghetti tidak ada di South Pole!

Giuseppe makan pizza whale.
Tidak enak! Giuseppe juga makan
pizza seal. Pizza seal juga tidak enak.

Giuseppe makan pizza seal dan pizza whale. Tidak enak! Giuseppe muntah di PizzaIgloo. Giuseppe menangis.

Giuseppe menangis, karena tidak ada pizza spaghetti di South Pole.
Giuseppe menangis, karena Giuseppe mau makan pizza spaghetti.
Giuseppe menangis, karena pizza di South Pole tidak enak.

Giuseppe pergi ke PizzaYurt di Mt. Everest. Apakah di PizzaYurt ada pizza spaghetti?

Ada!!

Giuseppe makan pizza spaghetti.
Pizza spaghetti enak!
Giuseppe tidak muntah!

www.ingramcontent.com/pod-product-compliance
Lightning Source LLC
Chambersburg PA
CBHW051251110526
44588CB00025B/2955